BEI GRIN MACHT SICH IHR
WISSEN BEZAHLT

AF136230

- Wir veröffentlichen Ihre Hausarbeit, Bachelor- und Masterarbeit

- Ihr eigenes eBook und Buch - weltweit in allen wichtigen Shops

- Verdienen Sie an jedem Verkauf

Jetzt bei www.GRIN.com hochladen und kostenlos publizieren

Handlungsfelder der Prävention

Unternehmenskultur, Gesundheits- und Patientencoaching, Selbstwirksamkeit

Bibliografische Information der Deutschen Nationalbibliothek:

Die Deutsche Nationalbibliothek verzeichnet diese Publikation in der Deutschen Nationalbibliografie; detaillierte bibliografische Daten sind im Internet über http://dnb.d-nb.de abrufbar.

ISBN: 9783346737984
Dieses Buch ist auch als E-Book erhältlich.

Druck und Bindung: Books on Demand GmbH, Norderstedt Germany
Gedruckt auf säurefreiem Papier aus verantwortungsvollen Quellen

Das vorliegende Werk wurde sorgfältig erarbeitet. Dennoch übernehmen Autoren und Verlag für die Richtigkeit von Angaben, Hinweisen, Links und Ratschlägen sowie eventuelle Druckfehler keine Haftung.

Das Buch bei GRIN: https://www.grin.com/document/1281808

Einsendeaufgabe

Handlungsfelder der Prävention
Alternative A

Abgeben am 09.08.2022 im Prüfungssekretariat
SRH Fernhochschule – The Mobile University

Modul: Handlungsfelder der Prävention
Studiengang: B. Sc. Psychologie

Inhaltsverzeichnis

Abkürzungsverzeichnis 3

Abbildungsverzeichnis 3

1. Unternehmenskultur 4

    1.1 Gesundheitskultur 4

    1.2 Merkmale einer gesundheitsfördernden Unternehmenskultur 7

2. Gesundheits- und Patientencoaching 9

    2.1 Phasen des Coaching 10

    2.2 Praxisbeispiel 13

3. Selbstwirksamkeit 14

    3.1 Selbstwirksamkeit und Gesundheitsförderung 16

    3.2 Stärkung personeller Ressourcen von Mitarbeiter*innen 17

Literaturverzeichnis... 20

Abkürzungsverzeichnis

Abb.	Abbildung
bzw.	beziehungsweise
d.h.	das heißt
Et al.	Et alii
etc.	et cetera
S.	Seite
v.a.	vor allem
z.B.	zum Beispiel

Abbildungsverzeichnis

Abbildung 1: Indikatoren einer Gesundheitskultur (Quelle: eigene Darstellung in Anlehnung an Rudow, 2004, S. 26) 7

Abbildung 2: Banduras Modell der Selbstwirksamkeit (Quelle: https://www.votsmeier.com/basis/lernen-am-modell/) 15

1. Unternehmenskultur

Um die Wechselwirkung zwischen Unternehmenskultur und individuellem Handeln darlegen zu können, müssen zunächst die damit einhergehenden Grundbegriffe definiert werden.

Der Begriff Unternehmenskultur umfasst grundlegend die gemeinsamen geteilten und gelebten Normen, Werte und Ziele eines Unternehmens, welche sich beispielsweise in Symbolen, Ritualen, Kommunikation und Verhaltensweisen niederschlagen. Es handelt sich dabei nach Ulich & Wülser (2018) um Annahmen, welche „[...] die Natur des Menschen, seines Verhaltens und seiner Beziehungen ebenso wie die Natur von Raum, Zeit und Wirklichkeit" betreffen (S. 297). Dadurch bestimmt die Unternehmenskultur wie Außenstehende, aber auch Mitarbeiter*innen das Unternehmen wahrnehmen und beeinflusst maßgeblich das Verhalten der Organisationsmitglieder. Die Unternehmenskultur ist dabei kein von Anfang feststehendes Konstrukt, sondern entsteht über Jahre hinweg. Beeinflusst wird sie besonders durch die Verfestigung von Verhaltensweisen, die durch dominante Organisationsmitglieder, also Gründer*innen und Führungskräfte, ausgelebt werden (Ulich & Wülser, 2018, S. 297). Folglich ist die Unternehmenskultur auch kein statisches, sondern ein dynamisches Konstrukt, da sie sich fortlaufend weiterentwickeln kann. Somit stellt sie das Abbild dessen dar, was aktuell im Unternehmen passiert und kann durch dessen Mitglieder verändert werden (Franke, 2019, S. 128). Bereits hier zeigt sich die Wechselwirkung zwischen Unternehmenskultur und individuellem Handeln, da die Unternehmenskultur das Verhalten der Mitarbeiter*innen beeinflusst, diese aber wiederrum durch ihr Verhalten die Unternehmenskultur verändern können. Zunehmend bedeutend für die moderne Unternehmenskultur des 21. Jahrhunderts wurde der Aspekt (betriebliche) Gesundheit, welche im folgenden Kapitel genauer beleuchtet wird (Berger, 2019, S. 132).

1.1 Gesundheitskultur

Die Beschäftigung mit Gesundheit im betrieblichen Kontext hängt vor allem mit dem Wandel des Gesundheitsverständnisses zusammen, durch welchen Gesundheit nicht mehr nur als Abwesenheit von Krankheit verstanden wird, sondern viel weitumfassender das körperliche psychische und auch soziale Wohlergehen definiert. Dadurch wird Gesundheit im heutigen Wirtschaftssystem auch als ökonomischer Wettbewerbsvorteil angesehen und gewinnt zunehmend Bedeutung für die Unternehmen (Berger, 2019, S. 132). So korreliert beispielsweise das Gesundheitsverhalten in einem Unternehmen mit der Fehlzeitenquote, wodurch eine hohe Gesundheitsorientierung innerhalb des

Unternehmens hohe Kosten ersparen kann (Uhle & Treier, 2015, S. 510). Zusätzlich fordern Globalisierung, Digitalisierung und Demographie eine hohe Veränderungs- und Entwicklungsbereitschaft der Unternehmen, was mit veränderten und teils erhöhten Belastungsstrukturen für Mitarbeiter*innen und Führungskräften einhergeht. Schlussfolgernd stellt Gesundheit eine notwendige Bedingung dar, um Leistungsfähigkeit, aber auch Lebenszufriedenheit aufrechtzuerhalten, zu fördern und sich auf dem Markt zu bewähren (Berger, 2019, S. 132-133). Um dies gewährleisten zu können, setzten viele Unternehmen auf die Etablierung einer Gesundheitskultur in die Unternehmenskultur (Ulich & Wülser, 2018, S. 300). Der Begriff Gesundheitskultur kann nach Uhle & Treier (2015) wie folgt definiert werden: „Gesundheitskultur ist ein Segment der Unternehmenskultur und vereint Sinnhaftigkeit und Relevanz des Themas „Gesundheit" im Unternehmen aus Sicht der Beschäftigten" (S. 510). Gesundheit wird somit Teil der Unternehmenskultur, um Grundsteine für Gesundheitsnormen und Gesundheitsverhalten zu legen. Die Gesundheitskultur umfasst spezifisch Grundeinstellungen, Normen, Werte, Regeln und Verhaltensweisen, die sich auf die Gesundheit der Mitarbeiter*innen, aber auch Führungskräfte beziehen. Ebenso wie die Unternehmenskultur selbst, braucht auch die Gesundheitskultur Zeit, um sich dauerhaft und wirkungsvoll zu etablieren. Dieser Prozess umfasst die Bewusstseinsbildung und Verhaltensentwicklung der Mitarbeiter*innen, da gesundheitsbezogene Normen, Werte, Denk- und Verhaltensmuster zunächst verinnerlicht werden müssen, indem sie erlebt und schließlich gelebt werden (Rudow, 2004, S. 25). Auch hier zeigt sich erneut die beschriebene Wechselwirkung, da Beschäftigte durch die Etablierung einer Gesundheitskultur Gesundheitsverhalten erlernen und zugleich durch das individuelle Umsetzten des Gesundheitsverhaltens die Gesundheitskultur stärken. Dazu werden die Mitarbeiter*innen nicht nur gefordert, sondern vor allem gefördert und weitergebildet. Das heißt, dass „[...] wichtige Themen wie die interne Kommunikation, Motivation und Inspiration der Mitarbeiter, gefestigte Strukturen, ein gemeinsames Leitbild, das Erzeugen von Nachhaltigkeit, die Investition in Bildung sowie die Stärken und Schwächen von Teams" konkret in Angriff genommen werden (Berger, 2019, S. 133). Kann die gewünschte Gesundheitskultur erfolgreich in die Unternehmenskultur etabliert werden, ergeben sich vielzählige Vorteile für die Unternehmen. Darunter fallen beispielsweise eine höhere Produktivität der Mitarbeiter*innen, eine erhöhte Mitarbeiter*innenzufriedenheit, ein positives Firmenimage, ein niedrigerer Krankheitsstand und folglich geringere Kosten sowie eine stärkere Arbeitgebermarke (Berger, 2019, S. 134). Nach Berger (2019) ist der Schlüssel für eine ganzheitliche Gesundheitskultur, die Vermittlung und das Erleben dieser auf vier Ebenen. Die erste Ebene bezieht sich auf *Grundwerte und Überzeugungen* des Unternehmens. Hier sollte eine angemessene Balance zwischen ökonomischen Entscheidungen und Gesundheitsaspekten gefunden werden, wobei im Zweifelsfall immer die Gesundheit der Mitarbeiter*innen Vorrang haben sollte. Die zweite Ebene betrifft *Führungs- und Eigenverantwortung*, denn sowohl Führungsstil als auch das eigene Gesundheitsverhalten der Führungskräfte nimmt maßgeblichen Einfluss auf Wohlbefinden der Mitarbeiter*innen (Berger, 2019, S. 134-135). So ist das Einverständnis, Setzen und Leben der Gesundheitsnormen durch Führung und Management notwendig, um die Gesundheitskultur erfolgreich einzuführen (Rudow. 2004, S. 25; Uhle & Treier, 2015, S. 510). Doch auch der Verantwortungs- und Einflussbereich der Führungskräfte ist begrenzt, wodurch auch Eigenverantwortung der Beschäftigten gefordert ist. Hier stärken wieder Maßnahmen der Gesundheitskultur die Kompetenzen der Mitarbeiter*innen und diese stärken wiederum eigenverantwortlich die Gesundheits- und Unternehmenskultur. Die dritte Ebene bezieht sich auf die *Arbeits- und Beziehungsorganisation*. Hier ist es für das Wohlbefinden von Bedeutung, dass die Arbeit von den Mitarbeiter*innen als Sinnhaft wahrgenommen wird. Dazu scheint es notwendig Aufgaben und Kompetenzen zu optimieren und Rahmenbedingungen zu schaffen, in denen die Balance von Privat- und Berufsleben ermöglicht wird. Zudem tragen stabile Sozialstrukturen und faire Verhaltensregeln, also das soziale Verhalten bzw. Betriebsklima, dazu bei, ein gesundheitsförderndes Umfeld zu schaffen. Die letzte und vierte Ebene hebt die *Verteilung betrieblicher Ressourcen* hervor. Hier muss sich mit der zeitlichen sowie der finanziellen Dimension auseinandergesetzt werden. Es muss also auf der einen Seite betrachtet werden, ob beispielsweise die verantwortlichen Gesundheitsakteure genügend zeitliche Kapazitäten haben, um sich mit ihren Aufgaben auseinanderzusetzen und Gesundheitszeile umzusetzen. Auf der anderen Seite solte hinterfragt werden, ob ein ausreichendes Budget zur Verfügung gestellt wird, damit die Gesundheitskultur erfolgreich etabliert werden kann (Berger, 2019, S. 134-135). Es zeigt sich also, dass sich die Gesundheitskultur eines Unternehmens in zahlreichen Indikatoren ausdrückt, welche unter anderem Arbeitsgestaltung, Management, Führungsstil, Personalmanagement etc. umfassen. In Abbildung 1 sollen diese Indikatoren noch einmal zusammenfassend dargestellt werden.

Abbildung 1: Indikatoren einer Gesundheitskultur (Quelle: eigene Darstellung in Anlehnung an Rudow, 2004, S. 26)

Im folgenden Unterkapitel sollen nun einzelne dieser Indikatoren genauer betrachtet werden, an denen beispielhaft die Wechselwirkung zwischen Unternehmenskultur und individuellem Handeln erläutert werden kann.

1.2 Merkmale einer gesundheitsfördernden Unternehmenskultur

In diesem Kapitel soll sich auf die Indikatoren Führungsstil, Personalmanagement und Arbeitsgestaltung konzentriert werden. Anhand dieser soll die Wechselwirkung zwischen Unternehmenskultur und individuellem Handeln exemplarisch dargestellt werden.

Führungsstil:

Für die Gesundheitskultur hat das Vorleben der gewünschten gesundheitsbezogenen Verhaltensweisen durch Führungskräfte des Unternehmens eine besondere Relevanz. So beschreiben Uhle & Treier (2015): „V.a. Führungskräfte sind für die Entwicklung der Gesundheitskultur verantwortlich, die sich in ihrer nachhaltigen Wirkung durch das Setzen von Gesundheitsnormen im Mitarbeiterverhalten niederschlägt" (S. 510). Die Gesundheitskultur wird somit Teil der Führungsaufgabe, da gesunde Führung sich auf das Gesundheitsverhalten der Mitarbeiter*innen auswirkt. Gesunde Führung beinhaltet zum einen Mitarbeiter*innen zu motivieren, zu fördern und zu fordern, angemessen Verantwortung zu übertragen, Wertschätzung und Lob auszusprechen sowie eine zielgruppengerechte und zeitnahe Kommunikation (Uhle & Treier, 2015, S. 133). Zum anderen ist die Übernahme von Eigenverantwortung bezüglich Gesundheitsverhalten relevant. Dies bezieht sich darauf, dass ein positives und authentisches Vorleben von Gesundheitsverhalten durch Führungskräfte ebenfalls Einfluss auf das Verhalten der Beschäftigten nimmt (Berger, 2019, S. 135). Dies hängt vor allem mit dem Prozess des Modelllernens zusammen, bei welchem sich die die Mitarbeiter*innen vereinfacht dargelegt, durch Beobachten der Verhaltensweisen ihrer Vorgesetzten an diesen orientieren (Struhs-Wehr, 2017, S. 84). Stärkt nun ein gesunder Führungsstil als Merkmal der Gesundheitskultur die Gesundheit und die Gesundheitskompetenzen der Mitarbeiter*innen, können diese die erlernten Verhaltensweisen individuell Umsetzen und damit die allgemeine Unternehmenskultur prägen. Diese Wechselwirkung könnte beispielsweise stattfinden, wenn die Führungskraft eines Unternehmens seine/ihre Rolle als Modell transparent auslebt, indem er/sie z.B. Pausenzeiten einhält oder regelmäßig und offen mit seinen Angestellten kommuniziert. Die Mitarbeiter*innen erleben somit Gesundheitsverhalten, erlernen dieses und stärken die Gesundheitskultur des Unternehmens, indem sie diese Verhaltensweisen verinnerlichen und selbstständig ausführen.

Arbeitsgestaltung:

Der Aspekt der Arbeitsgestaltung als Indikator für eine Gesundheitskultur hängt eng mit dem Merkmal Führungsstil zusammen, da Führungskräfte als Verantwortliche Für Arbeitsgestaltung und Aufgabenverteilung indirekt die Gesundheit ihrer Mitarbeiter*innen beeinflussen (Ulich & Wülser, 2018, S. 307). So hat eine sinnstiftende Arbeit einen positiven Einfluss auf die Gesundheit der Beschäftigten. Dies kann ermöglicht werden, wenn Aufgaben und Verantwortung angepasst an die Kapazitäten und Kompetenzen der Mitarbeiter*innen übertragen und Kompetenzen stetig gefördert werden. Des Weiteren sollten flexible Rahmenbedingungen geschaffen werden, damit ein ausgewogenes Verhältnis zwischen privaten und beruflichen Leben entstehen kann. Sind solche Grundvoraussetzungen gegeben, so stellt dies ein bedeutenden Beitrag für die Entwicklung der Gesundheitskultur dar (Berger, 2019, S. 135). Auch hier entsteht eine Wechselwirkung, da die Beschäftigten durch die Unternehmenskultur ermöglicht bekommen ihre Kompetenzen zu entwickeln, sich Herausforderungen zu stellen und somit, nach dem Prinzip der Selbstwirksamkeit, mit erhöhter Wahrscheinlichkeit mehr Erfolgserlebnisse haben, welche sich positiv auf die Gesundheit auswirken (Gerrig, 2018, S. 533). Mitarbeite*innen erlernen ihre Fähigkeiten besser selbst einschätzen zu können und bekommen vermittelt ein gesundes Verhältnis von Arbeits- und Privatleben zu entwickeln. Wenden sie diese Kompetenzen an, so stärkt dieses Verhalten die Gesundheitskultur des Unternehmens, indem die Organisationsmitglieder diese Grundsätze verinnerlichen und umsetzen und vermindert Kosten durch Krankheitsfälle (z.B. Burn-Out aufgrund von Überarbeitung).

Personalmanagement:

Ebenfalls wichtiger Indikator für die Gesundheitskultur eines Unternehmens ist dessen Personalmanagement. Aspekte wie allgemeine Betreuungsgespräche, Rückkehrgespräche nach Abwesenheit durch Krankheit, Gesundheitsberichterstattungen, Kommunikation und Informationsweitergabe zu Gesundheitsthemen oder eine medizinische und psychologische Betreuung und Anlaufstelle im Betreib selbst vermitteln einen deutlichen Fokus des Unternehmens auf die Gesundheit der Mitarbeiter*innen (Bareiß, Meister & Merk, 2016a, S. 23). Da die Unternehmenskultur beeinflusst, wie ihre Angestellten das Unternehmen wahrnehmen sowie auf das Verhalten der Mitarbeiter*innen im Betrieb wirken, können solche Maßnahmen erheblich zu gesundheitsorientierten Verhalten beitragen. Erleben Mitarbeiter*innen, dass ihr Unternehmen großen Wert auf ihre Gesundheit legt und Informationen zu Gesundheit weitergibt (z.B. durch Informationsveranstaltungen, Workshops etc.), kann die individuelle Einstellung zur eigenen Gesundheit stark verändert werden. Dies äußert sich darin, dass mehr auf die das eigene Wohlergehen geachtet wird und durch neu erlerntes überhaupt erst befähigt wird sich gesund zu verhalten. Kann durch das Personalmanagement die Gesundheitskultur etabliert werden, so setzten die Mitarbeiter*innen eigenständig Gesundheitsverhalten um, indem sie beispielsweise sich bei Problemen selbstständig in medizinische oder psychologische Beratung des Unternehmens begeben. Dadurch werden Krankheitsfälle vorgebeugt, die Wiedereingliederung wird vereinfacht und auch die in die Unternehmenskultur etablierte Gesundheitskultur wird gelebt und gestärkt.

2. Gesundheits- und Patientencoaching

Der Coaching-Begriff beinhaltet eine Vielfalt an unterschiedlichen Sachverhalten, Verfahren und Vorgehensweisen und ist damit nicht einheitlich definierbar (Fahr, 2017, S. 3). Uneinigkeit in der Definition ergeben sich vor allem aus der Masse an unterschiedlichen Coachingkonzepten und -ansätzen, aber auch aus seiner unausgereiften wissenschaftlichen Theorieentwicklung (Greif, 2008, S. 13; Greif, Möller & Scholl, 2018, S.2). Greif (2008) beschreibt dazu Coaching als „[...] ein Thema, bei dem die Praxis der wissenschaftlichen Theorieentwicklung weit vorausgeeilt ist" (S. 13). Seine verschiedenen Ansätze reichen von Business Coaching, Executive Coaching und Performance Coaching bis hin zu Eltern-Coaching und vielen weiteren Coachingformen, die sich immer weiter und aus immer neuen gesellschaftlichen Herausforderungen entwickeln (Loebbert, 2015, S. 8; Wegener, Loebbert & Fritze, 2016, S. 1). Es kann also als Sammelbegriff für Formen der personalisierten, prozessorientierten Beratung begriffen werden, wobei diese aber dem Grundsatz „Beratung ohne Ratschlag" oder auch „Hilfe zur Selbsthilfe" folgt (Greif et al., 2018, S. 2). Fokus dieser Einsendeaufgabe liegt auf Coaching im Gesundheitsbereich. Darunter fallen das Gesundheits- und Patientencoaching, welche zunächst differenziert betrachtete werden sollen.

Patientencoaching:

Patientencoaching stellt eine Dienstleistung dar, bei welcher Patient*innen dazu befähigt werden sollen, sich durch Informationen, Beratung, Orientierungs- wie Organisationshilfe effektiver im Gesundheitswesen zurecht zu finden (Weatherly, Meyer-Lutterloh, Seiler, Schmid & Lägel, 2008, S. 27). Es handelt sich also um eine individuell angepasste Intervention zur Stärkung der Selbstkompetenz und Souveränität, wodurch die Patient*innen aktiv an ihrer Krankheitsbewältigung mitwirken können (Amelung, 2022, S. 198-199).

Gesundheitscoaching:

Gesundheitscoaching fokussiert sich auf die Thematik der Gesundheitserhaltung und -orientierung in allen möglichen Lebensbereichen (d.h. sowohl privat als auch im Arbeitskontext). So kann sich das Coaching in der Auseinandersetzung mit der eigenen Gesundheit beispielsweise auf die Faktoren Stress, Entspannung, Lebenssinn, Bewegung oder Ernährung beziehen, aber auch noch viele weitere Aspekte behandeln (Ostermann, 2010, S. 35; Hartz & Petzold, 2014, S. 90).

Damit unterscheidet Patienten- und Gesundheitscoaching vor allem, dass beim Patientencoaching die Klient*innen bereits erkrankt sind, während die Klient*innen beim Gesundheitscoaching meistens noch gesund oder erst krankheitsgefährdet sind. Dadurch stell Gesundheitscoaching eine primär präventive Maßnahme dar (Bareiß, Meister & Merk, 2016b, S. 33).

2.1 Phasen des Coachings

Der Coaching-Prozess besteht aus all dem, was sich zwischen dem ersten und letzten Kontakt zwischen Coach und Klient*in ereignet. Die Ereignisse dieses Spannungszeitraums können in Phasen gegliedert werden, wodurch der Überblick über den Coaching-Prozess deutlich erleichtert wird (Ianiro & Kauffeld, 2018, S. 42). Die verschiedenen Phasen enthalten dabei unterschiedliche Ziele, Entscheidungen sowie angewandte Methoden, welche im Folgenden erläutert werden sollen. Es können die Einstiegs- bzw. Vorbereitungsphase, dann die Informationsphase, die Interventionsphase und zuletzt die Nachbereitungs- oder auch Evaluationsphase differenziert werden (Loebbert, 2015, S. 30-31).

Einstiegsphase:

Die erste Phase des Coachingprozesses dient der Vorbereitung und beinhaltet zunächst die erste Kontaktaufnahme zwischen Coach und Coachee. Wichtige Aspekte sind hier also Kontakt und Kontrakt (Ianiro & Kauffeld, 2018, S. 42; Loebbert, 2015, S. 30) Das bedeutet, dass zum einen das der/die Coachee das Coachingangebot erst einmal wahrnimmt. Relevant für den Coach ist hier eine Basis für eine positive Beziehung zu schaffen und zugleich das Vertrauen seiner Klient*innen zu gewinnen (Loebbert, 2015, S. 30). Dazu muss der Coach seine Kompetenzen und Fähigkeiten darlegen, aber auch seine Grenzen aufzeigen können. Aus Basis all dieser Informationen soll der/die Coachee befähigt werden zu entscheiden, ob das Coaching den persönlichen Anforderungen entspricht und die notwendige persönliche Passung zwischen Coach und Coachee vorliegt. Außerdem sollte direkt zu Anfang das eigentliche Beratungsanliegen geklärt werden (Rascher, 2016, S. 97). Dazu ist es auch dienlich, dass sich der Coach sich bereits im Vorfeld des Erstgespräches, beispielsweise über Familienmitglieder oder Hausärzte über die medizinische Vorgeschichte der Klient*innen, aber auch ihre persönlichen Motive für das Coaching zu informieren (Bareiß et al., 2016b, S. 42). Sind alle benannten Aspekte der Vorbereitungsphase besprochen und abgeklärt worden, so schließt diese Phase meist mit dem aufsetzten eines Kontrakts ab. Dieser entspricht einem formalen und psychologischen Vertrag und legt Grundsätze zur Arbeitsbeziehung, die Handlungsziele und Methoden zum Erreichen der Handlungsziele fest (Ianiro & Kauffeld, 2018, S. 42; Loebbert, 2015, S. 30). Methoden, die in dieser Phase angewandt werden, sind nach Backhausen & Thommen (2017) unter anderem Wertschätzen, Vertrauen aufbauen, verschiedene Fragetechniken, Definition und Aufgabenverteilung (S. 124-126).

Informationsphase:

Die Informationsphase stellt einen Teil der Hauptphasen des Coachings dar und beinhaltet die Klärung der Ausgangssituation sowie die Erarbeitung der individuellen Ziele. Damit steht also ein Abgleich des Ist- mit dem gewünschten Sollzustands im Vordergrund (Ianiro & Kauffeld, 2018, S. 42). Bei dieser Bestandsaufnahme wird zunächst den Ist-Zustand zu analysieren und darauf basierend die Coachingziele erarbeitet. Zentrale Aufgabe des Coaches ist hierbei, dass zum einen Wahrnehmungsfehler durch den/die Coachee, beispielsweise bei der Beschreibung eigener Fähigkeiten oder bisheriger Verhaltensweisen etc., umgangen werden, damit die Informationsanalyse sowohl vollständig als auch zutreffend ist (Rascher, 2016, S. 98-99). Zum anderen müssen die Bedürfnisse, Motive und Ziele in Bezug auf Gesundheit oder auch Krankheit des/der Coachee herausgearbeitet werden, damit daraus schlussfolgernde Maßnahmen ergriffen werden können. Dazu ist neben der Aufgabe des

Informierens über Krankheit und Gesundheit durch den Coach besonders die Methode der Introspektion dienlich (Bareiß et al., 2016b, S. 42). Erst darauf aufbauend können dann Ziele sowie Lösungswege formuliert und konkretisiert werden. In diesem Schritt muss auch geklärt werden, welchen Einfluss der/die Coachee auf die Zielerreichung hat und welche möglichen Kosten oder auch Nebeneffekte mit der Zielerreichung einhergehen könnten (Backhausen & Thommen, 2017, S. 126). Eine wichtige Methode in der Informationsphase ist neben der Introspektion und Fragetechniken vor allem die genaue Dokumentation der erarbeiteten Entschlüsse, Ziele und Lösungswege (Bareiß et al., 2016b, S. 44).

Interventionsphase:

Die Interventionsphase stellt den zweiten Teil der Hauptphase im Coaching da. Es geht um die Umsetzung der erarbeitenden Lösungswege und Maßnahmen, um die gesetzten Ziele nun auch praktisch zu erreichen. Dazu können Coaches auf eine Vielzahl an theoriegeleiteten Vorgehensweisen und Methoden als Werkzeuge zurückgreifen (z.B. aktives Zuhören, Aufstellungen oder systemisches Fragetechniken), die so umfassend sind, dass auf diese hier nicht genauer eingegangen werden kann (Loebbert, 2015, S. 31; Rascher, 2016, S. 99). Der Erfolg dieser Umsetzungsphase ist dabei abhängig, ob die vorherige Informationsphase adäquat umgesetzt wurde. So müssen in dieser Phase Motive gefunden worden sein, die ausreichend sind, um eine Verhaltensveränderung oder bestimmtes Handeln auszulösen. Bei der Interventionsphase können Coach und Coachee immer wieder mit Rückschlägen konfrontiert werden. Hier ist es wichtig, dass diese als Chance verstanden werden, Bedürfnisse, Ziele und Motive noch einmal erneut zu überdenken und darauffolgend wieder neue Maßnahmen zur Umsetzung zu entwickeln. Im Coachingprozess wird in dieser Phase der Umsetzung also immer wieder die Zielerreichung kontrolliert und falls notwendig Maßnahmen modifiziert oder neu abgeleitet. Hauptziel dieser Phase ist grundsätzich die Förderung des Empowerments der Klient*innen (Bareiß et al., 2016b, S. 45).

Nachbereitungsphase:

Die Nachbereitungsphase ist die abschließende Phase und wichtig für den gesamten Coachingprozesses. Sie beinhaltet, „[...] dass Coach und Klient gemeinsam auf den Coaching-Prozess zurückblicken und über zukünftige Schritte sprechen" (Wrede & Wiesenthal, 2018, S. 12). So ist Teil der Nachbereitung die Evaluation des Lernprozesses und der Zielerreichung, aber auch die Auflösung der Coaching-Beziehung zwischen Coach und Coachee (Ianiro & Kauffeld, 2018, S. 42; Wrede & Wiesenthal, 2018, S. 12). Voraussetzend für Abschluss des Coachingsprozesses ist vor allem, dass die erlernten Maßnahmen, Verhaltensweisen, Lösungswege und Ziele auch weiterhin erhalten bleiben, ohne, dass weiterer Input durch den Coach erfolgt. Die entwickelten Fähigkeiten des/der Coachee sollten also fest in ihren Alltag etabliert sein und falls notwendig selbstständig ausgebaut werden können (Bareiß et al., 2016b, S. 45). Ist dies der Fall und die aufgestellten Ziele konnten erfolgreich erreicht werden, kann der Coachingprozess abgeschlossen werden. Trotzdem empfiehlt es sich den Klient*innen noch ein weiteres Gespräch mit zeitlichem Abstand anzubieten, damit die Lernfortschritte und der Transfer ohne die Coachingsitzungen noch einmal überprüft werden können (Ianiro & Kauffeld, 2018, S. 42).

2.2 Praxisbeispiel

Im Folgenden sollen die Phasen des Coachings noch einmal ein einem selbstkonstruierten Praxisbeispiels erläutert werden. Behandelt wird der Fall des 40-Jährigen Herr P, welcher mit dem Anliegen das Gesundheitscoaching aufsucht, mit dem Rauchen aufhören zu wollen. Herr P ist verheiratet, Vater zweier Kinder im Kleinkindalter und arbeitet Vollzeit in einem jungen Betrieb, wo er gerade zu einer personalleitenden Stelle befördert wurde. Herr P leidet an geringgradig persistierendem Asthma, also einer leichten Form des Asthmas, welches sich aber durch das regelmäßige Rauchen zu verschlimmern scheint. Herr P leidet zwar zunehmend unter den Symptomen seiner Krankheit, schafft es aber laut eigenen Angaben trotzdem nicht das Rauchen länger als zwei Tage aufzugeben.

Wendet man nun das Fallbeispiel auf die Phasen des Coachings an, würde die Einstiegsphase damit beginnen, dass Herr P durch die Kontaktaufnahme mit dem Coach den Coachingprozess einleitet. Aufgabe des Coaches ist es nun Herr P über seine Kompetenzen und Arbeitsweise aufzuklären und dadurch sein Vertrauen zu gewinnen. Herr P wiederrum soll in dieser Phase versuchen sein Anliegen möglichst genau zu beschreiben, nämlich sich das Rauchen zu entwöhnen. Für den Coach ist hier ebenfalls wichtig weitere Informationen neben dem Hauptmotiv für das Coaching zu sammeln. Darunter fällt die Krankheitsgeschichte von Herr P durch seinen Hausarzt und auch seine familiäre bzw. private, aber auch berufliche Lebenssituation. Bereits im Erstgespräch zeigt sich, dass Herr P einen großen Wandel bezüglich seiner Lebenssituation durchlebt. Herr P äußert sich sehr erfreut über die berufliche Beförderung und auch über seine noch neuere Rolle als Familienvater. Zugleich wird ihm in diesem Erstgespräch auch klar, dass er durch die neuen Aufgaben unter deutlich größeren Stress steht, als es ihm bewusst war. Da die Aspekte der Vorbereitungsphase besprochen wurden und Herr P sehr zufrieden mit dem vorgestellten Coaching ist, setzt er zusammen mit seinem Coach den Coaching-Kontrakt auf. Hier geht das Coaching in die Informationsphase über, in welcher zunächst der Ist-Zustand von Herr P geklärt wird Dazu informiert der Coach Herr P ausführlich über die gesundheitlichen Folgen des Rauchens im Allgemeinen und in Bezug auf seine Asthma-Erkrankung, aber z.B. auch die Folgen für die Gesundheit seiner Kinder und klärt über die Möglichkeiten zur Raucherentwöhnung auf. Zusätzlich erarbeitet Herr P mit seinem Coach eine Bestandausnahme zu seiner aktuellen Lebenssituation, seine Fähigkeiten und zu seinen aktuellen Bewältigungsstrategien. Erkenntlich wird, dass das Rauchen aktuell ein großer Bestandteil der Stressbewältigung von Herr P darstellt und seiner Entspannung dient. Da Herr P erst durch das Coaching sein erhöhtes Stresslevel ersichtlich wird, entwickelt sein Coach mit ihm nicht nur das Ziel sich das Rauchen erfolgreich abzugewöhnen, sondern auch Stressquellen schneller zu erkennen und neue Bewältigungsstrategien zu erlernen. Auch bespricht er mit Herr P die möglichen Nebeneffekte, die zunächst einmal durch den Entzug des Rauchens entstehen können. In der dann folgenden Interventionsphase sollen nun die erarbeiteten Maßnahmen und Lösungswege in die Praxis umgesetzt werden. Dazu kann der Coach verschiedenen Methoden anwenden, damit Herr P sich vom Rauchen entwöhnen kann und alternative Strategien zur Stressbewältigung erlernt. Wichtig ist hier, dass Herr P so empowert wird, dass er diese Strategien eigenständig und dauerhaft in sein alltägliches Leben etablieren kann. Nach erfolgreichem praktischem Transfer kann zuletzt die Nachbereitungsphase eingeleitet werden, in der Herr P und sein Coach den Coachingprozess und die Ergebnisse evaluieren. Da Herr P sich erfolgreich das Rauchen entwöhnen konnte, nun schneller sein eigenes Stresserleben erkennt und alternative Bewältigungstretgien anwenden kann (beispielsweise durch das Verlagern von Prioritäten: „sich im Job auch mal zurücknehmen", „weniger Überstunden machen", „Verantwortung abgeben" oder „die Kinder einmal die Woche bei den Großeltern unterbringen" etc.) empfindet er das Coaching als sehr erfolgreich und ist bereit es abzuschließen. Mit seinem Coach vereinbart er einen weiteren Termin in einem Monat, um zu überprüfen, ob die Erfolge auch dauerhaft anhalten.

3. Selbstwirksamkeit

Der Begriff Selbstwirksamkeit bekam durch Albert Banduras sozial-kognitive Lerntheorie große Bedeutung. In dieser besagt Bandura, dass Selbstwirksamkeitserwartungen, also Handlungs-Ergebnis-Erwartungen, kognitive, emotionale wie motivationale Prozesse und Interaktionen fundamental beeinflussen können (Barysch, 2016, S. 202). Selbstwirksamkeit lässt sich in diesem Kontext nach Becker (2019) als „Glaube eine-

Person, dass sie fähig ist, eine bestimmte Aufgabe in einem bestimmen Kontext zu erledigen" definieren (Becker, 2019, S.177). Besagte Aufgaben sind dabei keine einfachen Routinen, sondern beanspruchen Ausdauer und Anstrengung einer Person (Barysch, 2016, S.202-203). Der Begriff Selbstwirksamkeitserwartung bezieht sich spezifisch auf die Erwartungshaltung einer Person, durch die eigenen Kompetenzen gewünschtem Verhalten oder Handlungen nachkommen zu können. Teil dieser Erwartung ist auch die Annahme, dass das eigene Handeln Einfluss auf die Umwelt nimmt. Hohe Selbstwirksamkeitseinschätzungen können sich verschieden auf die Wahrnehmung, Motivation und Leistung auswirken und sind mit psychologischer Resilienz, also dem Grad der Widerstandsfähigkeit in Stresssituationen, in Verbindung zu setzen (Gerrig, 2018, S.485 + S. 532-533). Zudem wird auch die Umwelt in Banduras Theorie miteinbezogen. Außenstehende Personen können positiven, aber auch negativen Einfluss auf die Wahrnehmung der eigenen Selbstwirksamkeit nehmen (Barysch, 2016, S. 203). So können nicht nur Erfolgs- und Misserfolgserwartungen über die Entscheidung Aufgeben oder Durchhalten, beim Bewältigen einer Aufgabe, bestimmen, sondern auch die Wahrnehmung der Umwelt als hemmend oder förderlich ist hierbei von Bedeutung. Somit spielt also die Selbstwirksamkeitserwartung eine signifikante Rolle für das Verhalten und die ergebnisorientierte Erwartung nimmt Einfluss auf Entscheidung und Handlung während der Aufgabenbewältigung, schlussfolgernd also auf das Handlungsergebnis (Gerrig, 2018, S. 533).

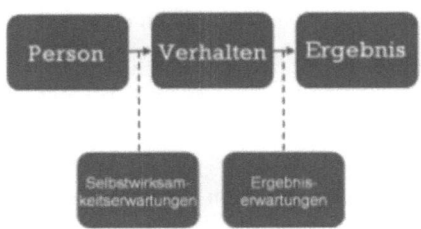

Abbildung 2: Banduras Modell der Selbstwirksamkeit (Quelle: https://www.votsmeier.com/basis/lernen-am-modell/)

Um die Selbstwirksamkeitserwartung zu stärken nennt Bandura vier Quellen, welche diese antreibt. Die erste Quelle findet sich in der „erfolgreichen eigenen Ausführung", in der eine erfolgreiche Bewältigung einer Aufgabe die Erwartung verstärkt, auch zukünftig diese Aufgabe zu bewältigen. Die „stellvertretende Erfahrung" beruht auf Banduras Theorie zum Lernen am Modell und bezieht sich auf die stellvertretende Verstärkung, bei welcher durch das Beobachten einer Person beim erfolgreichen Lösen einer Aufgabe, die motivationalen Prozesse diese Aufgabe lösen zu können angeregt werden. Bei der dritten Quelle, „verbale Informationen", steigert die verbale Bestärkung durch andere Personen die Erwartungshaltung. Die letzte Quelle, „emotionale Erregung" genannt, umfasst die emotionale Erregung in Bezug auf die Herausforderung, wobei positive Emotionen die Selbstwirksamkeitserwartung stärken, während negative Emotionen diese hemmen (Pfeffer & Wegner, 2020, S. 538). Zudem wirken Selbstwirksamkeitserwartungen und positive Handlungsergebnisse oftmals zirkulär, da Personen mit hoher Selbstwirksamkeitserwartung dazu neigen sich anspruchsvolle Aufgaben zu widmen und die erfolgreiche Bewältigung dieser Herausforderungen sich wiederum positiv auf die Selbstwirksamkeitserwartung auswirkt (Gerrig, 2018, S. 533). Zusammenfassend beschreibt die soziale-kognitive Theorie Banduras den Einfluss der Selbstwirksamkeit und der Selbstwirksamkeitserwartung auf das menschliche Verhalten unter Berücksichtigung hemmender und stärkender Faktoren der Umwelt. Vor allem die Selbstwirksamkeitserwartung scheint dabei eine wichtige Ressource für erfolgsbringende Handlungen zu sein und kann sich ebenfalls positiv auf das Gesundheitsverhalten auswirken (Pfeffer & Wenger, 2020, S. 537). Die konkrete Verbindung zwischen Selbstwirksamkeit und Gesundheit soll im folgenden Kapitel genauer thematisiert werden.

3.1 Selbstwirksamkeit und Gesundheitsförderung

Selbstwirksamkeit spielt im Rahmen der Gesundheitsförderung eine relevante Rolle, da besonders die Selbstwirksamkeitserwartung einen positiven Einfluss auf gesundheitsförderliches Verhalten nehmen kann (Kalch, 2019, S. 36). So wird ihr zur Prävention von Krankheiten, aber auch in der Förderung der Gesundheit ein bedeutender Wert zugeschrieben (Harzard, 1997, S.246). Dabei wird von der Annahme ausgegangen, dass eine Person mit hoher Selbstwirksamkeitserwartung, auch wahrscheinlicher mit positiven Ergebnissen ihrer Handlungen rechnet und somit bestimmte Verhaltensweisen eher umsetzt als Personen mit geringer Selbstwirksamkeitserwartung. Dieses Prinzip lässt sich auch auf das Gesundheitsverhalten übertragen und kann sich beispielsweise im Kontext Bewegung, mit der Ergebniserwartung des Gewichtsverlusts und Fitness, äußern (Kalch, 2019, S. 22). Personen mit hoher Selbstwirksamkeitserwartung setzten sich also höhere Ziele und scheinen mehr Anstrengungen in ihr Gesundheitsverhalten zu investieren als Personen mit geringer Selbstwirksamkeitserwartung, die eher dazu neigen aufgeben oder Verhaltensweisen gar nicht erst umzusetzen (Faller & Lang, 2010, S.315). Banduras sozial-kognitive Theorie nennt eine positive Selbstwirksamkeitserwartung sogar als vorausgesetzt „für die Änderung gesundheitsbezogener Wahrnehmungen, Intentionen und Verhaltensweisen" (Kalch, 2019, S. 20). Auch der Zusammenhang zwischen Selbstwirksamkeit und psychologischer Resilienz wirkt sich gesundheitsfördernd aus, da hohe Selbstwirksamkeit zum einem bewältigendes Verhalten in Stresssituationen begünstigt und zum anderen physiologische Reaktionen auf Stressoren hemmt. Geringe Selbstwirksamkeit hingegen kann zu stärkeren Angst- und Vermeidungsreaktionen führen, wodurch Handlungsversuche wahrscheinlicher scheitern und wiederum niedrige Selbstwirksamkeitserwartungen hervorrufen. Ein solcher Prozess kann dann auch in Depressionen oder anderen emotionale Störungen münden (Barysch, 2016, S.206). Eine Längsschnittstudie Banduras, in der die soziale Selbstwirksamkeit und Depressivität von Schulkindern untersucht wurde, zeigte, dass eine geringe soziale Selbstwirksamkeit in einem direkten Zusammenhang mit der Entwicklung von Depressivität stand. Auch bei geringer akademischer Selbstwirksamkeit konnte ein ähnlicher Einfluss festgestellt werden, wobei sein Effekt sogar stärker war als die eigentliche schulische Leistung (Salewski & Renner, 2009, S. 168). Andere Beispiele für den Einfluss der Selbstwirksamkeit auf das Gesundheitsverhalten finden sich in präventiven und gesundheitsfördernden Verhaltensweisen wie gesunder Ernährung, regelmäßiger körperlicher Aktivität, Kondombenutzen, regelmäßigen Impfungen oder Raucherentwöhnung (Faller & Lang, 2010, S.315; Kalch, 2019, S.16 + 20).

Der Wert der Selbstwirksamkeit für das Gesundheitsverhalten wird nicht nur in massenmedialen Kampagnen und der Gesundheitskommunikation genutzt, sondern findet auch im betrieblichen Gesundheitsmanagement Bedeutung (Klach, 2019, S.20). Im folgenden Kapitel soll daher diskutiert werden, inwiefern das Selbstwirksamkeitskonzept zur Stärkung personeller Ressourcen von Mitarbeiter*innen führen kann.

3.2 Stärkung personeller Ressourcen von Mitarbeiter*innen

Maßnahmen zur Berücksichtigung und Stärkung der Selbstwirksamkeit von Mitarbeiter*innen stehen in direktem Bezug zu gesundheitsbezogenen präventiven Maßnahmen und Strategien, die in Unternehmen etabliert werden, um den Arbeits- und Gesundheitsschutz zu verbessern und eine langfristige psychische und physiologische Gesundheit der Mitarbeiter*innen zu gewährleisten (Struhs-Wehr, 2017, S. 6). Solche Maßnahmen sollen für Arbeiter*innen wie Unternehmen bedeutsam sein, da der Unternehmenserfolg immer mehr mit dem Wohlbefinden und der Arbeitszufriedenheit der Mitarbeiter*innen in Beziehung gesetzt wird (Struhs-Wehr, 2017, S.3). So kann beispielsweise bereits bei der Personalauswahl mit Hilfe psychologischer Tests auf Selbstwirksamkeit als Kompetenz geachtet werden oder auch die Förderung der

Selbstwirksamkeit der vorhandenen Mitarbeiter Berücksichtigung finden (Becker, 2019. S.182). Inwiefern die Selbstwirksamkeit die personalen Ressourcen der Mitarbeiter*innen stärken kann, soll folgend diskutiert werden. Dazu muss definiert werden, was unter den Begriff „personale Ressourcen" verstanden wird. Ressourcen im Allgemeinen können als alle die Mittel einer Person zusammenfasst werden, auf welche zugegriffen wird um Belastungen und Anforderungen zu bewältigen sowie die eigenen Grundbedürfnisse zu befriedigen (Bauer, 2019, S. 57; Flückiger & Beesdo-Baum, 2020, S. 577-578). Dabei können grundlegend externe, interpersonelle und intrapersonelle Ressourcen differenziert werden. Hier wird sich ausschließlich auf die intrapersonellen Ressourcen konzentriert, welche auch interne oder personale Ressourcen genannt werden. Darunter fallen nach Flückiger & Beesdo-Baum (2020): „Persönlichkeitsvariablen, persönliche Fähigkeiten, Fertigkeiten und Kräfte der Person (z.B. hohes Selbstwertgefühl, Optimismus, Kontrollüberzeugung, Problemlösekompetenz, Kohärenzsinn, Resilienz, geringe negative Affektivität, Selbsteffizienzerwartung, Flexibilität)" (S. 578). Wie das Selbstwirksamkeitskonzept von Bandura (1977) diese Ressourcen stärken kann, soll nun aufgezeigt werden. Zum einen wird die Weiterentwicklung von Kompetenzen durch sein Konzept bestärkt, denn Selbstwirksamkeit steht oftmals im konkreten Zusammenhang mit den eigentlichen Fähigkeiten der Mitarbeiter*innen. So stärkt der Aufbau von Selbstwirksamkeitskompetenzen auch den Aufbau anderer Kompetenzen. Hohe Selbstwirksamkeitserwartung begünstigt die Wahrscheinlichkeit das Personen Verhaltensweisen überhaupt ausführen, die zu ihrer Kompetenzentwicklung beitragen, da sie sich eher zugetraut werden als von Menschen mit geringerer Selbstwirksamkeitserwartung. Dadurch ist auch das Erleben von Erfolgserlebnissen naheliegender für Mitarbeiter*innen mit ausgebauten Fähigkeiten. Diese Erfolgserlebnisse wirken motivierend und steigern wiederum die Selbstwirksamkeit, aber auch das Selbstwertgefühl, Optimismus, Kontrollüberzeugung sowie zuletzt die Problemlösekompetenz. Gleiches gilt für den Umgang der Mitarbeiter*innen untereinander. Kommt tritt beispielsweise eine Person eine Stelle in einem Unternehmen neu an, so kann ihm eine hohe Selbstwirksamkeitserwartung das Selbstbewusstsein verschaffen auf seine neuen Kolleg*innen offen zu zugehen, wodurch wiederrum das Zugehörigkeitsgefühl bzw. der Kohärenzssirn schneller verstärkt werden. In Stresssituationen hilf die Selbstwirksamkeitserwartung gelassener und mit Erfolgserwartung an Herausforderungen gelassener heranzugehen. Hier wir also die Ressource Resilienz aufgebaut. Des Weiteren trägt Vorbildfunktion der Führungskraft eine bedeutende Rolle, durch welche Selbstwirksamkeit die Ressourcen der Mitarbeiter*inne stärken können (Becker, 2019, S.181; Gerrig, 2018, S. 532-533). Dieser

Ansatz beruht auf Banduras Quelle der „stellvertretenden Erfahrung", welche auf seiner sozial-kognitiven Lerntheorie des Beobachtungslernens basiert. Dabei werden die motivationalen Prozesse der Mitarbeiter*innen als Beobachter*innen angeregt, wenn diese das Modellverhalten der Führungskraft als Modell beobachten. Das Modellverhalten stellt in diesem Kontext die Erfolgreiche Bewältigung komplexer Aufgaben dar. Hier nehmen Führungskräfte eine wichtige Vorbildfunktion für ihre Mitarbeiter*innen ein, da diese sich in ihren Verhaltensweisen an ihrer Führungskraft orientieren. Da Führungskräfte oftmals hohe Aufmerksamkeit und hohes Ansehen von ihren Mitarbeitern erlangen können sowie viel Präsenz zeigen, können sie durch gezielte Handlungen Aufmerksamkeits-, Anreiz- und Motivationsprozesse ihrer Mitarbeiter anregen, um Beobachtungslernen zu begünstigen (Struhs-Wehr, 2017, S. 84). Daher sollte das eigene Selbstwirksamkeitsempfinden der Führungskraft bewusst gestärkt und weiterentwickelt werden, beispielsweise durch die Teilnahme an Coaching zur Entwicklung der Selbstwirksamkeit, damit dieses an die Mitarbeiter*innen übertragen werden kann. So werden dann die personalen Ressourcen, beispielsweise hinsichtlich Kontrollüberzeugung und Problemlösekompetenz, der Führungskräfte, aber auch der Mitarbeiter*innen durch Modelllernen gestärkt. Zuletzt hilft die Bestärkung der Selbstwirksamkeit und adäquate Erwartungen der Führungskräfte an ihre Mitarbeiter*innen personale Ressourcen aufbauen. Hier ist Banduras Quelle „Verbale Information" relevant (Pfeffer & Wegner, 2020, S. 538). Beruhend auf dem Prinzip der sich-selbst-erfüllenden Prophezeiung (Rosenthal-Effekt genannt), zeigt sich, dass positive und bestärkende Erwartungshaltungen durch die Führungskraft, das Verhalten der Mitarbeiter auch in diese gewünschte Richtung lenken. Aus dem Bewältigen von Aufgaben und dem Erfüllen der Erwartungen resultiert für die Mitarbeiter*innen wieder, dass ein hohes Selbstwertgefühl und Optimismus unterstützt werden (Becker, 2019, S. 181). Es könnte zwar angenommen werden, dass die personalen Ressourcen geschwächt würden, wenn trotz hoher Selbstwirksamkeitserwartungen bestimmte Aufgaben nicht erfüllt werden können (beispielsweise aufgrund fehlender Kompetenzen oder einem zu hohen Anforderungsniveau), dem kann aber entgegengesetzt werden, dass nach dem Konzept Banduras durch hohe Selbstwirksamkeit, auch ein besserer Umgang mit Misserfolgen ermöglicht wird. Das bedeutet, dass Mitarbeiter*innen weniger dazu neigen aufzugeben und sich schneller von Misserfolgen erholen, da diese in konstruktives und zielgerichtetes Verhalten umgewandelt werden (Gerrig, 2018. S. 533). Zusammenfassend lässt sich also sagen, dass sich das Selbstwirksamkeitskonzept Banduras (1977) sehr effektiv zur Stärkung personaler Ressourcen von Mitarbeiter*innen anwenden lässt.

Literaturverzeichnis

Amelung, V. E. (2022). *Managed Care*. Springer Fachmedien Wiesbaden. https://doi.org/10.1007/978-3-658-12527-1

Backhausen, W. & Thommen, J.-P. (2017). *Coaching*. Springer Fachmedien Wiesbaden. https://doi.org/10.1007/978-3-8349-3843-5

Bareiß, A., Meister, A. & Merk, J. (2016a). *Studienbrief: Institutionelle Perspektive der Prävention* (2. Aufl.). SRH Fernhochschule The Mobile University.

Bareiß, A., Meister, A. & Merk, J. (2016b). *Studienbrief: Individuelle Perspektive der Prävention* (2. Aufl.). SRH Fernhochschule The Mobile University.

Barysch, K. N. (2016). Selbstwirksamkeit. In: Frey, D. (Hrsg.). *Psychologie der Werte: Von Achtsamkeit bis Zivilcourage - Basiswissen aus Psychologie und Philosophie* (S. 201–211). Springer. (S. 201–211). https://doi.org/10.1007/978-3-662-48014-4_18

Bauer, J. F. (2019). *Personale Gesundheitsressourcen in Studium und Arbeitsleben*. Springer Fachmedien Wiesbaden. https://doi.org/10.1007/978-3-658-26453-6

Becker, F. (2019). Motivation mit Emotion: Wie Gefühle Mitarbeiter motivieren. In Becker, F. *Mitarbeiter wirksam motivieren* (S. 169–176). Springer Berlin Heidelberg. https://doi.org/10.1007/978-3-662-57838-4_18

Becker, F. (2019). *Mitarbeiter wirksam motivieren*. Springer Berlin Heidelberg. https://doi.org/10.1007/978-3-662-57838-4

Berger, R. Gesundheitskultur – Die Ressource der Zukunft. (2019). In: Brommer, D., Hockling, S. & Leopold, A. (Hrsg.). *Faszination New Work: 50 Impulse für die neue Arbeitswelt* (S. 131–140). Springer Fachmedien Wiesbaden. https://doi.org/10.1007/978-3-658-24618-1_16

Brommer, D., Hockling, S. & Leopold, A. (2019). *Faszination New Work: 50 Impulse für die neue Arbeitswelt*. Springer Fachmedien Wiesbaden. https://doi.org/10.1007/978-3-658-24618-1

Fahr, U. (2017). *Coaching an der Hochschule*. Springer Fachmedien Wiesbaden. https://doi.org/10.1007/978-3-658-16847-6

Faller, H. & Lang, H. (2010). *Medizinische Psychologie und Soziologie: Mit 11 Tabellen; [nach neuem GK]* (3. Aufl.). *Springer-Lehrbuch*. Springer.

Flückiger, C. & Beesdo-Baum, K. (2020). Ressourcenaktivierung. In: Hoyer, J. & Knappe, S. (Hrsg.). *Klinische Psychologie & Psychotherapie*. Springer Berlin Heidelberg. https://doi.org/10.1007/978-3-662-61814-1_23

Franke, S. (2019) Interview: „New Work: Neue Kultur der Zusammenarbeit". In Brommer, D., Hockling, S. & Leopold, A. (Hrsg.). *Faszination New Work: 50*

Impulse für die neue Arbeitswelt (S. 127-130). Springer Fachmedien Wiesbaden. https://doi.org/10.1007/978-3-658-24618-1_15

Frey, D. (2016). *Psychologie der Werte: Von Achtsamkeit bis Zivilcourage - Basiswissen aus Psychologie und Philosophie.* Springer. https://doi.org/10.1007/978-3-662-48014-4

Gerrig, R. J. (2018). *Psychologie* (21. Aufl.). *PS, Psychologie.* Pearson.

Greif, S. (2008). *Coaching und ergebnisorientierte Selbstreflexion: Theorie, Forschung und Praxis des Einzel- und Gruppencoachings.*

Greif, S., Möller, H. & Scholl, W. (Hrsg.). (2018). *Handbuch Schlüsselkonzepte im Coaching.* Springer Berlin Heidelberg. https://doi.org/10.1007/978-3-662-49483-7

Hartz, P. & G. Petzold, H. (2014). *Wege aus der Arbeitslosigkeit.* Springer Fachmedien Wiesbaden. https://doi.org/10.1007/978-3-658-03708-6

Hazard, B. P. (1997). *Humanökologische Perspektiven in der Gesundheitsförderung.* VS Verlag für Sozialwissenschaften. https://doi.org/10.1007/978-3-322-83297-9

Hoyer, J. & Knappe, S. (2020). *Klinische Psychologie & Psychotherapie.* Springer Berlin Heidelberg. https://doi.org/10.1007/978-3-662-61814-1

Ianiro, P. M. & Kauffeld, S. (2018). Annäherungen an den Coaching-Prozess: Eine interaktionsanalytische Betrachtung. In S. Greif, H. Möller & W. Scholl (Hrsg.), *Handbuch Schlüsselkonzepte im Coaching* (S. 41–52). Springer Berlin Heidelberg. https://doi.org/10.1007/978-3-662-49483-7_8

Kalch, A. (2019). *Persönliche Erfahrungen in Gesundheitsbotschaften.* Springer Fachmedien Wiesbaden. https://doi.org/10.1007/978-3-658-26966-1

Loebbert, M. (2015). *Coaching Theorie.* Springer Fachmedien Wiesbaden. https://doi.org/10.1007/978-3-658-08438-7

Ostermann, D. (2010). *Gesumdheitscoaching.* VS Verlag für Sozialwissenschaften; Springer Fachmedien Wiesbaden.

Pfeffer, I. & Wegner, M. (2020). Modelle zur Erklärung der Veränderung von Gesundheitsverhalten und körperlicher Aktivität. In: Schüler, J., Wegner, M. & Plessner, H. (Hrsg.). *Sportpsychologie* (S. 533–549). Springer Berlin Heidelberg. https://doi.org/10.1007/978-3-662-56802-6_23

Rascher, S. (2016). Reflexion und Management von Fehlern im Coaching. In: Triebel, C., Heller, J., Hauser, B. & Koch, A. (2016). *Qualität im Coaching* (S. 93–105). Springer Berlin Heidelberg. https://doi.org/10.1007/978-3-662-49058-7_8

Rudow, B. (2004). *Das gesunde Unternehmen: Gesundheitsmanagement, Arbeitsschutz und Personalpflege in Organisationen.* R.Oldenbourg Wissenschaftsverlag.

Salewski, C. & Renner, B. (2009). *Differentielle und Persönlichkeitspsychologie: Mit 92 Übungsaufgaben. UTB basic: 3127: Basics*. Reinhardt.

Schüler, J., Wegner, M. & Plessner, H. (2020). *Sportpsychologie*. Springer Berlin Heidelberg. https://doi.org/10.1007/978-3-662-56802-6

Struns-Wehr, K. (2017). *Betriebliches Gesundheitsmanagement und Führung*. Springer Fachmedien Wiesbaden. https://doi.org/10.1007/978-3-658-14266-7

Triebel, C., Heller, J., Hauser, B. & Koch, A. (2016). *Qualität im Coaching*. Springer Berlin Heidelberg. https://doi.org/10.1007/978-3-662-49058-7

Uhle, T. & Treier, M. (2015). *Betriebliches Gesundheitsmanagement*. Springer Berlin Heidelberg. https://doi.org/10.1007/978-3-662-46724-4

Ulich, E. & Wülser, M. (2018). *Gesundheitsmanagement in Unternehmen*. Springer Fachmedien Wiesbaden. https://doi.org/10.1007/978-3-658-18435-3

Weatherly, J. N., Meyer-Lutterloh, K., Seiler, R., Schmid, E. & Lägel, R. (2008). *Patientencoaching Gesundheitscoaching Casemanagement: Methoden im Gesundheitsmanagement von morgen*. Medizinisch Wissenschaftliche Verlagsgesellschaft.

Wegener, R., Loebbert, M. & Fritze, A. (2016). *Coaching und Gesellschaft*. Springer Fachmedien Wiesbaden. https://doi.org/10.1007/978-3-658-09636-6

Wrede, B. A. & Wiesenthal, K. Was ist Coaching? (2018) In: Wrede, B. A. & Wiesenthal, K. *Coaching für Industrie 4.0*. Springer Berlin Heidelberg (S. 9–16). https://doi.org/10.1007/978-3-662-56394-6_2

Wrede, B. A. & Wiesenthal, K. (2018). *Coaching für Industrie 4.0*. Springer Berlin Heidelberg. https://doi.org/10.1007/978-3-662-56394-6